U0604803

画说国学丛书

画说论语

张乐群 著

中国书籍出版社
China Book Press

序 言

章洛兹

　　尽管三十多年来中国经济取得了长足进步，但蓦然回首，人们却发现目前的民众，不管是有钱有势的达官贵人，还是无钱无权的基层百姓，人们的幸福感越来越少，代替的却是更多的浮躁与迷茫。为何更富有的物质文明却不能给大家带来更多的幸福呢？究其原因，我们会发现，是中国的文化传承正在逐步迷失了方向。

　　《论语》是我们中华民族千百年来的文化智慧结晶。以孔子为代表的儒学正影响着一代代的中华儿女。在繁杂的市场经济活动中，如何给我们的内心留下一片净土？这需要中华文化的乳汁从根子来浇灌我们的心灵。张乐群老师作为一个杰出的文化人，高度融合了绘画艺术及中国传统文化。本书以丰富的画面结合孔子的经典语录，我们相信肯定会极大提高读者尤其是青少年读者的学习兴趣。前段时间，我不经意间读了一本描写犹太民族智慧的书籍，发自内心地为犹太民族生生不息的生存经历以及他们所取得的巨大成就震撼。让我们看看只占世界人口 0.3% 的犹太人所取得的惊人成就：据美国财富杂志《福布斯》报道，世界前 400 名亿万富豪中，有 60 多人是犹太人，占总数的 15% 之多。美国前 400 名富豪中，犹太人占了 23%。如果仅限于前 40 人，实际上 40% 是犹太人。犹太人获诺贝尔奖的人数超过 240 人，是世界各民族平均数的 28 倍。世界十大哲学家中，有 8 人是犹太人……许多人士总结犹太民族生生不息的成功原因，在于犹太民族对教育的高度重视。我们有充分的理由相信，《画说论语》的出版将在某种程度上进一步推动儒学在中国青少年中的传播。

当然我们无法否认，诞生于农耕文明时代的儒学不可避免会带着某种历史局限性。我们面对这种文化瑰宝，应辩证地看待，有选择地吸收。如何用儒学的心态入世，用道家的智慧出山，用西方的科技义明强国，这将是我们全体民众需要思考与研究的问题。

目 录

群论

孔子说：把正直的人提拔出来，放在邪曲的人之上，百姓就会信服，若把邪曲的人提拔出来放在正直的人之上，百姓就不会信服。

学而时习之

【原文】

　　子曰："学而时习之，不亦悦乎？有朋自远方来，不亦乐乎？人不知而不愠，不亦君子乎？"

【译文】

　　孔子说："学过后按时去实习，不是很愉快吗？有志同道合的人自远方来，不是很高兴吗？人家不了解我，而我不怨恨，不也是君子吗？"

学而时习之

弟子入则孝

【原文】

子曰：“弟子入则孝，出则悌，谨而信，泛爱众而亲仁，行有余力，则以学文。”

【译文】

孔子说：“年轻人在家就要孝顺父母；出门在外，则应尊敬师长，行为谨慎，言而有信，博爱众人，亲近有仁德的人。这些都做到之后还有余力的话，就去学习文化知识。”

君子不重则不威

【原文】

子曰："君子不重则不威，学则不固。主忠信，无友不如己者，过则勿惮改。"

【译文】

孔子说："君子如果不庄重，就没有威严，所学的知识也不会巩固。恪守忠实、诚信。不与品德不如自己的人交朋友。有了过错，就不要害怕改正。"

君子食无求饱

【原文】

子曰："君子食无求饱，居无求安。敏于事而慎于言，就有道而正焉。可谓好学也已。"

【译文】

孔子说："君子吃饭不要求饱足，居住不要求舒适，做事勤劳敏捷，说话谨慎，向有道德的人学习以匡正自己，这就是好学了。"

为政以德

【原文】

子曰："为政以德，譬如北辰，居其所，而众星共之。"

子曰："导之以政，齐之以德，民免而无耻。导之以德，齐之以礼，有耻且格。"

【译文】

孔子说："当政者如果用道德来治理国家，就会像北极星一样，安然不动而众星环绕。"

孔子说："用政令来训导人民，用刑罚来约束人民，人民只会逃避刑罚，而且不会有羞耻心；用道德来引导人民，以礼法来约束人民，人民就会有羞耻心而且引以为荣。"

論語

吾十有五

【原文】

子曰："吾十有五而志于学，三十而立，四十而不惑，五十而知天命，六十而耳顺，七十而从心所欲不逾矩。"

【译文】

孔子说："我十五岁立志学问，三十岁说话做事都有了把握，四十岁不再迷惑，五十岁得知天命，六十岁能听得进各种不同的意见，七十岁便随心所欲，不会有任何越轨行为。"

温故而知新

【原文】

子曰："温故而知新,可以为师矣。"

子曰："君子周而不比,小人比而不周。"

子曰："学而不思则罔,思而不学则殆。"

【译文】

孔子说："在温习旧知识时,能有新体会新发现,就可以做老师了。"

孔子说："君子是团结而不是勾结,小人是勾结而不是团结。"

孔子说："只读书却不思考,就会迷惘而无所得。只空想却不读书,就会困惑不解。"

诲汝知之乎

【原文】

子曰: "由,诲汝知之乎! 知之为知之,不知为不知,是知也。"

子曰: "非其鬼而祭之,谄也。见义不为,无勇也。"

【译文】

孔子说: "仲由,让我来教你求知的正确态度吧! 知道就是知道,不知道就是不知道,这才是聪明智慧。"

孔子说: "不是自己该祭祀的鬼神,却去祭拜,这是献媚。看见应该挺身而出的事情,却袖手旁观,这是怯懦。"

君子无所争

【原文】

子曰："君子无所争。必也射乎！揖让而升，下而饮，其争也君子。"

【译文】

孔子说："君子没有什么可争之事。如果有所争，一定是比赛射箭吧！比赛射箭时，先相互作揖辞让，然后上场。射完后又作揖，而后共同饮酒。这样有所争也是君子之争。"

里仁为美

【原文】

子曰："里仁为美。择不处仁，焉得知！"

子曰："不仁者，不可以久处约，不可以长处乐。仁者安仁，知者利仁。"

子曰："唯仁者能好人，能恶人。"

【译文】

孔子说："住的地方要有仁德才好，选择没有仁德的住处，怎么能算是聪明呢？"

孔子说："没有仁德的人不能长久地处在贫困中，也不能长久地处在安乐中。有仁德的人安于仁，聪明人从仁德中获利。"

孔子说："只有有仁德的人才能正确地喜爱人或厌恶人。"

富与贵

【原文】

子曰："富与贵，是人之所欲也，不以其道得之，不处也。贫与贱，是人这所恶也，不以其道得之，不去也。君子去仁，恶乎成名？君子无终食之间违仁，造次必于是，颠沛必于是。"

【译文】

孔子说："富有和尊贵是人们所期望的，不用正当的方法得到，君子不接受。贫穷和低贱是人们所厌恶的，不用正当方法摆脱的，君子不摆脱。君子不会在哪怕是一顿饭的时间里远离仁德，君子在紧急和颠沛流离时也要与仁德同在。"

人之过

【原文】

子曰："人之过也，各于其党。观过，斯知仁矣！"

子曰："君子之于天下也，无适也，无莫也，义之与比。"

【译文】

孔子说："人是有各种各样的错误，什么样的错误是什么样的人犯。仔细观察人的错误，就能知道他是什么样的人。"

孔子说："君子对于天下的事情，没有规定必须怎么做，也没有规定必定不能怎么做，只要做的合理恰当，便可怎么去做。"

不患无位

【原文】

子曰："不患无位，患所以立。不患莫己知，求为可知也。"

子曰："见贤思齐焉，见不贤而内自省也。"

【译文】

孔子说："不发愁没有职位，只发愁没有本领任职位；不怕没有人知道自己，要追求能够被别人知道的本事。"

孔子说："看见贤人应向他看齐，看见不贤的人，便自己反省有无同样的毛病。"

尊老

事父母几谏

【原文】

子曰："事父母几谏，见志不从，又敬不违，劳而不怨。"

子曰："父母在，不远游，游必有方。"

子曰："父母之年，不可不知也。一则以喜，一则以惧。"

【译文】

孔子说："侍奉父母，如果他们有不对的地方，要耐心劝说，如果他们不听从，仍要恭顺，不加违抗，担忧他们但不能怨恨。"

孔子说："父母在世，不出远门。如果出去，也要告诉父母去处。"

孔子说："父母的年纪不能不铭记在心，一方面因高寿而喜，另一方面因年事已高而担心。"

贤哉回也

【原文】

子曰:"贤哉回也!一箪食,一瓢饮,在陋巷,人不堪其忧,回也不改其乐。贤哉回也!"

【译文】

孔子说:"颜回非常有修养,一竹筐饭,一瓢水,住在小巷子里,别人受不了这样的苦,他却很快乐,他真有修养。"

质胜文则野

【原文】

子曰："质胜文则野，文胜质则史，文质彬彬，然后君子。"

子曰："人之生也直，罔之生也，幸而免。"

【译文】

孔子说："朴实多于文采，显得粗野，文采多于朴实，又显得虚浮，只有文采与朴实配合适当，才算是君子。"

孔子说："人的生存在于正直，不正直的人也能生存，那是他侥幸地免于祸害。"

乐之者

【原文】

子曰："知之者不如好之者，好之者不如乐之者。"

子曰："中人以上，可以语上也，中人以下，不可以语上也。"

【译文】

孔子说："懂得学习的人比不上喜爱学习的人；喜爱学习的人比不上以学习为乐的人。"

孔子说："中等智力以上的人，可以告诉他们高深学问，中等智力以下的人，不可以讲高深的学问。"

智者乐水

【原文】

子曰："智者乐水，仁者乐山；智者动，仁者静；智者乐，仁者寿。"

子曰："君子博学与于文，约之以礼，亦可以弗畔矣夫。"

子曰："中庸之为德也，其至矣乎！民鲜久矣。"

【译文】

孔子说："聪明人乐于水，仁者乐于山。聪明人好动，仁者好静。聪明人快乐，仁者长寿。"

孔子说："君子广泛地学习历史文献，再用礼仪来约束自己，就可以不至于离经叛道了。"

孔子说："中庸这种道德，是最高的！人们缺少它已经很长久了。"

琴趣
：

天地之间

述而不作

【原文】

　　子曰："述而不作，信而好古，窃比我于老彭。"

　　子曰："默而识之，学而不厌，诲人不倦，何有于我哉！"

【译文】

　　孔子说："只阐述而不创作，相信并且喜欢古代文化，我私下里把自己比作老彭。"

　　孔子说"把所见所闻默默记在心里，努力学习而不厌弃，教导别人而不知疲倦。除此之外，我还做了些什么呢？"

德之不修

【原文】

子曰："德之不修，学之不讲，闻义不能徙，不善不能改，是吾忧也。"

子曰："志于道，据于德，依于仁，游于艺。"

子曰："不愤不启，不悱不发，举一隅，不以三隅反，则不复也。"

【译文】

孔子说："品德不培养，学问不勤学，听到义在哪里又不亲身去学，有缺点又不改，这样的学生是我很忧虑的！"

孔子说："立志于道，据守于德，依靠于仁，而活动于礼、乐、射、御、书、数六艺中。"

孔子说："教导学生，不到他想知道的时候，不去开导他；不到他想说又说不出来的时候，不去启发他。如果教导他一个方面后，他却不能由此而推出其他三个方面，便不再教导他了。"

富而可求

【原文】

子曰："富而可求也，虽执鞭之士，吾亦为之，如不可求，从吾所好。"

子曰："饭疏食，饮水，曲肱而枕之，乐亦在其中矣。不义而富且贵，于我如浮云。"

子曰："加我数年，五十以学易，可以无大过也。"

【译文】

孔子说："财富如果可以求得，即使是执鞭这样的低级职务，我也愿去做。但不可求，还是做我喜好的事情吧。"

孔子说"吃粗粮，喝冷水，弯着胳膊枕头，也有着乐趣！干不正当的事得来的富贵，在我看来就好像是天上的浮云。"

孔子说："让我多活几年，到五十岁的时候去学《易经》，便可以没有大过错了。"

我非生而知之

【原文】

子曰："我非生而知之者，好古，敏以求之者也。"

子曰："二三子，以我为隐乎？吾无隐乎尔，吾无行

而不与二三子者，是丘也。"

子以四教：文、行、忠、信。

【译文】

孔子说："我不是生来就有知识的人，而是爱好古

代文化，勤奋学习才得来的知识。"

孔子说："你们这些学生以为我有所隐瞒吗？我对

你们没有隐瞒呀。我是没有一点不向你们公开的，这就

是我孔丘的为人。"

孔子从四个方面来教育学生：历史文献、生活实践、

待人忠诚、讲究诚信。

感謝天地

圣人善人

【原文】

子曰："圣人，吾不得而见之矣，得见君子者斯可矣。"

子曰："善人，吾不得而见之矣，得见有恒者，斯可矣。亡而为有，虚而为盈，约而为泰，难乎有恒矣。"

【译文】

孔子说"圣人，我不能见到了，能看见君子就可以了。"

孔子说"善人，我不能看见了，能看到有恒心向善的人就可以了。本来没有却装作有，本来空虚却装作充实，本来穷困却装作豪华，这样的人是难以有恒心向善的。"

莫吾犹人

【原文】

子曰："文，莫吾犹人也？躬行君子，则吾未之有得。"

子曰："若圣与仁，则吾岂敢。抑为之不厌，诲人不倦，则可谓云尔已矣。"公西华曰："正唯弟子不能学也。"

子曰""君子坦荡荡，小人长戚戚。"

【译文】

孔子说："书本上的学问，我同别人差不多。按照君子的标准身体力行，那我还没有达到。"

孔子说："讲到圣和仁，我哪里敢当？我不过是学习不知道满足，教诲别人不觉得厌倦，只能说是如此罢了。"公西华说："这正是学生们学不到的。"

孔子说："君子心地宽广平坦，小人却经常局促忧愁。"

恭而无礼则劳

【原文】

子曰"恭而无礼则劳，慎而无礼则思，勇而无礼则乱，直而无礼则绞。君子笃于亲，则民兴于仁，故旧不遗，则民不偷。"

【译文】

孔子说："注重容貌态度的端庄，却不知礼，就未免劳倦；只知谨慎，却不知礼，就流于懦弱；专凭敢作敢为的胆量，却不知礼，就会尖刻刺人。君子厚待自己的亲人，那老百姓就会走向仁德；君子不嫌弃他的老朋友，那老百姓就不会对人冷漠无情。"

仁义礼智。

兴于诗

【原文】

子曰："兴于诗，立于礼，成于乐。"

子曰："三年学，不至于谷，不易得也。"

【译文】

孔子说："诗篇使找振奋，礼使我在社会上能站得住，音乐使我所学得以完成。"

孔子说："读书三年还没有做官的念头，这是很难得的。"

笃信好学

【原文】

子曰："笃信好学，守死善道。危邦不入，乱邦不居，天下有道则见，无道则隐。邦有道，贫且贱焉，耻也。邦无道，富且贵焉，耻也。"

子曰："不在其位，不谋其政。"

【译文】

孔子说："坚定地信任我们的道，努力学习它，誓死保卫它。不进入危险的国家，不居住祸乱的国家。天下太平，就出来工作，天下不太平，就隐居。政治清明时，自己贫贱，是耻辱；政治黑暗时，自己富贵，也是耻辱。"

孔子说："不居于那个职位，便不要考虑它的政务。"

狂而不直

【原文】

子曰:"狂而不直,侗而不愿,悾悾而不信,吾不知之矣。"

子曰:"学如不及,犹恐失之。"

【译文】

孔子说:"狂妄而不直率,无知而不老实,诚恳却不讲信用,这种人我不知道他是怎么样的人。"

孔子说:"做学问就好像在追逐什么,生怕追不上,追上了又怕丢掉了它。"

謝天謝地．

吾无间

【原文】

　　子曰："禹，吾无间然矣。菲饮食而致孝乎鬼神，恶衣服而致美乎黻冕，卑宫室而尽力乎沟洫。禹，吾无间然矣！"

【译文】

　　孔子说："禹，我对他没有任何批评。他自己吃得很少，却把祭品办得极丰盛；自己穿得很差，却把祭服做得华美；自己住低矮的房子，却把力量全部用在疏导河流、治理洪水上。禹，我真的说不出他一点不好。"

吾有知

【原文】

　　子曰："吾有知乎哉？无知也。有鄙夫问于我，空空如也，我叩其两端而竭焉。"

　　子曰："出则事公卿，入则事父兄，丧事不敢不勉，不为酒困，何有于我哉？"

【译文】

　　孔子说："我有知识吗？没有知识啊。有一个农民问我，我本是一点也不知道。我从他那里从头学到尾，才学到了很多有意思的东西。然后尽量去告诉他。"

　　孔子说："出外侍奉公卿，在家便侍奉父兄，有丧事不敢不尽力，不被酒困扰，这些事我做到了哪些呢？"

后生可畏

【原文】

子曰："后生可畏。焉知来者之不如今也？四十五十而无闻焉，斯亦不足畏也已。"

子曰："法语之言，能无从乎？改之为贵。巽与之言，能无说乎？绎之为贵。说而不绎，从而不改，吾未如之何也已矣。"

【译文】

孔子说："年少的人是值得敬畏的，怎能断定后来的人赶不上现在的人呢？一个人到了四十、五十岁还没有什么名望，也就不值得敬畏了。"

孔子说："严肃而合乎原则的话，能不接受吗？以能够帮助自己改正错误为可贵。谦逊恭顺的话，能不让人高兴吗？以能够分析是否对自己有帮助为可贵。盲目高兴，不加分析，表面接受，实际不改，这种人我是没有办法对待他的了。"

三军可夺帅

【原文】

子曰："三军可夺帅也，匹夫不可夺志也。"

子曰："知者不惑，仁者不忧，勇者不惧。"

【译文】

孔子说："可以夺去一个军队的主帅，却无法强迫一个男子汉放弃其志向。"

孔子说："有智慧的人不迷惑，有仁德的人不忧愁，有勇气的人从不知畏惧。"

孔子于乡党

【原文】

孔子于乡党，恂恂如也，似不能言者。其在宗庙、朝廷，便便言，唯谨尔。

食不语，寝不言。虽疏食菜羹，瓜祭，必齐如也。

【译文】

孔子在乡里，非常恭顺，好像不太会说话似的。他在宗庙或朝廷上却语言流畅，只是很谨慎。

吃饭时不说话，睡觉时不交谈。即使是吃粗粮、喝菜汤、吃瓜的祭祀，也一定要像斋戒那样庄重。

季路问事鬼神

【原文】

季路问事鬼神。子曰："未能事人,焉能事鬼?""敢问死?"曰:"未知生,焉知死?"

【译文】

子路问侍奉鬼神的事情。孔子说:"活人还不能侍奉,又怎么能去侍奉鬼神呢?"子路又说:"我再冒昧地问一下死是怎么回事?"孔子说:"生还没有弄明白,怎么能够懂得死?"

江山之春 壬辰年春节 袁绘

颜渊问仁

【原文】

颜渊问仁。子曰:"克己复礼为仁。一日克己复礼,天下归仁焉。为仁由己,而由人乎哉?"颜渊曰:"请问其目。"子曰:"非礼勿视,非礼勿听,非礼勿言,非礼勿动。"颜渊曰:"回虽不敏,请事斯语矣。"

【译文】

颜渊问什么是仁德。孔子说:"抑制自己,使自己的言语行动都合于礼,就是仁。一旦做到这样了,天下的人都会称赞你是仁人。修行仁德全凭自己,难道还要靠别人吗?"颜渊问:"请问修行仁德的具体内容是什么?"孔子说:"不符合礼的东西不要看,不符合礼的话不要听,不符合礼的话不要说,不符合礼的事不要做。"颜渊说:"我虽迟钝,请让我按照您的话去做吧。"

子贡问政

【原文】

子贡问政。子曰:"足食,足兵,民信之矣。"子贡曰:"必不得已而去,于斯三者何先?"曰:"去兵。"子贡曰:"必不得已而去,于斯二者何先?"曰:"去食。自古皆有死,民无信不立。"

【译文】

子贡问怎样治理政事?孔子说:"备足粮食,充实军备,取信于民。"子贡道:"如果不得已,在粮食,军备和取信于民三者之中一定要先去掉一项,先去哪项?"孔子说:"先去掉军备。"子贡又说:"如果不得已,在粮食和取信于民两者之间先去掉一项,应去哪项?"孔子说:"去掉粮食。没有粮食不过于死,自古以来谁都免不了死亡。但人民对政府失去信心就立不起国家了。"

自然给了一切…

壬辰年春节 於雅园
红醉徐先生

大自然美:

君子成人之美

【原文】

　　子曰："君子成人之美，不成人之恶。小人反是。"

　　季康子问政于孔子曰："如杀无道，以就有道，何如？"

　　孔子对曰："子为政，焉用杀。子欲善，而民善矣。君子之德风，小人之德草，草上之风，必偃。"

【译文】

　　孔子说："君子成全别人的好事，不促成别人的坏事。小人却和这相反。"季康子向孔子询问国政的事。孔子回答道："政字的意思就是端正。您自己带头端正，谁敢不端正？"

　　季康子向孔子询问国政的事，说："如果杀掉坏人，来亲近好人，怎么样？"孔子回答道："您治理政治，为什么要杀人？您喜欢从善，百姓就会喜欢从善。君子的道德就像风，老百姓好比草，风向哪边吹，草向哪边倒。"

其身正

【原文】

子曰："其身正，不令而行；其身不正，虽令不从。"

子曰："苟正其身矣，于从政乎何有？不能正其身，如正人何？"

【译文】

孔子说："统治者本身行为正当，不发命令，事情也行得通。他本身不正当，就是三令五申，百姓也不会信从。"

孔子说："如果能端正自己，治理国政还会有什么问题吗？如果自己都不能端正，怎么能端正别人呢？"

爱幼

君子和而不同

【原文】

　　子曰："君子和而不同,小人同而不和。"

　　子曰："君子易事而难说也。说之不以其道,不说也;及其使人也,器之。小人难事而易说也。说之虽不以道,说也;及其使人也,求备焉。"

【译文】

　　孔子说:"君子用自己正确的观点来纠正别人的错误,却不会盲从附和。小人只是盲从附和,却不表示自己的不同意见。"

　　孔子说:"在君子手下做事很容易,讨他喜欢却很难。不用正当方式,他是不会喜欢的。等到他用人的时候,他总是量才而用。在小人手下工作很难,讨他喜欢却很容易。即使讨他欢喜的方式不正当,他也会喜欢。等到他用人时,他会百般挑剔,求全责备。"

有德者有言

【原文】

子曰："有德者必有言，有言者不必有德；仁者必有勇，勇者不必有仁。"

子曰："贫而无怨难，富而无骄易。"

【译文】

孔子说："有道德的人一定有善言，但有善言的人不一定有道德。仁人一定勇敢，但勇敢的人不一定有仁德。"

孔子说："贫穷却没有怨言很难，富贵却不骄傲倒很容易。"

君子道者三

【原文】

　　子曰："君子道者三，我无能焉。仁者不忧，知者不惑，勇者不惧。"子贡曰："夫子自道也。"

　　子曰："不逆诈，不亿不信，抑亦先觉者，是贤乎！"

【译文】

　　孔子说："君子所行的三件事，我一件都没能做到，仁德的人不忧愁，智慧的人不迷惑，勇敢的人不惧怕。"

　　孔子说："不怀疑别人欺诈，不毫无根据地说别人不诚实，却能早发觉欺诈与不诚实，这种人是贤人。"

可与言

【原文】

子曰："可与言而不与之言，失人；不可与言而与之言，失言。知者不失人，亦不失言。"

子曰："志士仁人，无求生以害仁，有杀身以成仁。"

【译文】

孔子说："可以和他说而不跟他说，会失去人才；不可以跟他说却跟他说了，就是说错了话。聪明人不会错失人才，也不会说错话。"

孔子说："志士仁人不贪生怕死而损害仁德，只会勇于牺牲自己来成全仁德。"

人无远虑

【原文】

子曰："人无远虑，必有近忧。"

子曰："已矣乎！吾未见好德如好色者也。"

子曰："躬自厚而薄则于人，则远怨矣。"

【译文】

孔子说："人如果没有长远的考虑，必有眼前的忧虑。"

孔子说；"完了啊！我没有见过像喜欢美貌一样喜欢仁德的人。"

孔子说："重责备自己，而轻责备别人，怨恨自然就没有了。"

群居终日

【原文】

子曰："群居终日，言不及义，好行小慧，难矣哉！"

子曰："君子义以为质，礼以行之，孙以出之，信以成之。君子哉！"

【译文】

孔子说："大家整天在一起，谈话不涉及道义，只喜欢卖弄小聪明，想要接近德就太难了！"

孔子说："君子用义来修养自己的品质，按照礼来行事，用谦逊的态度讲话，靠诚信取得成功。这才是真君子呀！"

君子病无能

【原文】

子曰："君子病无能焉，不病人之不己知也。"

子曰："君子疾没世而名不称也。"

子曰："君子求诸己，小人求诸人。"

子曰："君子矜而不争，群而不党。"

【译文】

孔子说："君子只惭愧自己没有能力，不怨恨别人不知道自己。"

孔子说："君子痛恨死后自己的名声不能流传于世。"

孔子说："君子要求自己，小人要求别人。"

孔子说："君子庄重谨慎而不争执，合群而不结党。"

不以言举人

【原文】

子曰："君子不以言举人，不以人废言。"

子曰："巧言乱德，小不忍则乱大谋。"

子曰："众恶之，必察焉；众好之，必察焉。"

【译文】

孔子说："君子不根据言辞选拔人才，也不因为他是坏人而不听他说出的好话。"

孔子说："花言巧语足以败坏道德。小事情不忍耐，便会破坏大事情。"

孔子说："大家都厌恶他，一定要对他加以考察。大家都喜爱他，也一定要对他加以考察。"

君子谋道

【原文】

子曰："君子谋道不谋食。耕者，馁在其中矣；学也，禄在其中矣。君子忧道不忧贫。"

子曰："当仁不让于师。"

【译文】

孔子说："君子追求道义而不追求饭食。耕田，也常常饿肚皮；学习，从中得到的是俸禄。君子只担心学不到道义，而不担心会贫穷。"

孔子说："面临着践行仁德的机会，就是老师也不同他谦让。"

读书读好书

有教无类

【原文】

子曰："有教无类。"

子曰："道不同，不相为谋。"

【译文】

孔子说："人人我都可以教育，没有贫富地域等等的区别。"

孔子说："主张不同，不能互相商谋。"

益者三友

【原文】

孔子曰："益者三友，损者三友。友直，友谅，友多闻，益矣。友便辟，友善柔，友便佞，损矣。"

孔子曰："益者三乐，损者三乐。乐节礼乐，乐道人之善，乐多贤友，益矣。乐骄乐，乐佚游，乐宴乐，损矣。"

【译文】

孔子说："有益的朋友有三种，有害的朋友也有三种。同正直的人交友，同诚信的人交友，同见闻多的人交友，便有益。同谄媚奉承的人交友，同两面三刀的人交友，同夸夸其谈的人交友，便有害。"

孔子说："有益的喜好有三种，有害的喜好也有三种。喜好用礼乐节制自己，喜好宣扬别人的善举，喜好结交有贤德的朋友，便有益。喜好骄纵作乐，喜好安逸游乐，喜好宴饮取乐，便有害。"

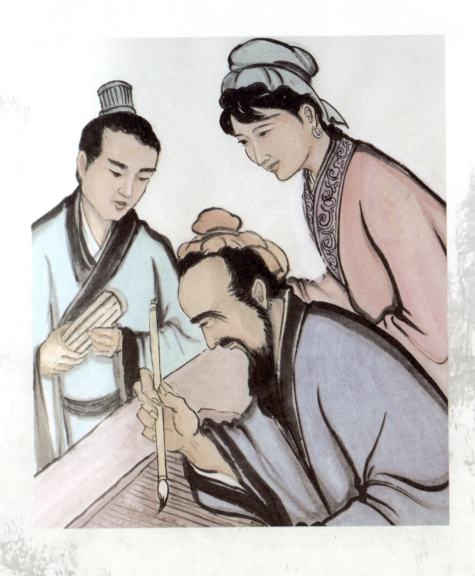

侍君子有三愆

【原文】

孔子曰："侍于君子有三愆：言未及之而言谓之躁，言及之而不言谓之隐，未见颜色而言谓之瞽。"

孔子曰："君子有三戒：少之时，血气未定，戒之在色；及其壮也，血气方刚，戒之在斗；及其老也，血气既衰，戒之在得。"

【译文】

孔子说："陪君子容易有三种过失：没轮到说话便说，叫急躁；该说了又不说，叫隐瞒；不看人家脸色就说话，叫盲目。"

孔子说："君子有三件事应该警惕戒备：年轻时，血气尚未成熟，要戒女色；等到了壮年，血气正旺，便要戒好胜好斗；到老年了，血气衰退，便要戒贪得无厌。"

生而知之

【原文】

孔子曰："生而知之者上也，学而知之者次也，困而学之，又其次也。困而不学，民斯为下矣。"

孔子曰："君子有九思：视思明，听思聪，色思温，貌思恭，言思忠，事思敬，疑思问，忿思难，见得思义。"

【译文】

孔子说："生来就知的人，为上等；通过学习知道的人，次一等；感到困惑才去学习的人，再次一等；感到困惑还不去学习的人，就是最下等的人了。"

孔子说："君子有九件事情需要思考：看的时候要明察，听的时候要听清，脸上的表情要温和，态度要恭敬，讲话要忠诚，办事要谨慎，产生疑问要询问，快生气时要考虑后果，得到利益时要考虑是否符合道义。"

六言六蔽

【原文】

　　子曰："由也，汝闻六言六蔽矣乎？"对曰："未也。""居，吾语汝。好仁不好学，其蔽也愚；好知不好学，其蔽也荡；好信不好学，其蔽也贼；好直不好学，其蔽也绞；好勇不好学，其蔽也乱；好刚不好学，其蔽也狂。"

【译文】

　　孔子说："仲由，你听说过六种品德的六种弊病吗？"仲由回答道："没有。"孔子说："坐下，我来告诉你。爱仁德而不喜欢学习，弊病就是愚蠢；爱好聪明而不喜欢学习，弊病就是放荡而无基础；爱好诚实而不喜欢学习，弊病是容易被人利用，反误了自己；爱好直率而不喜欢学习，弊病是说话尖刻伤人；爱好勇敢而不喜欢学习，弊病是捣乱闯祸；爱好刚强而不喜欢学习，弊病就是胆大妄为。"

学夫诗

【原文】

子曰："小子，何莫学夫诗？诗可以兴，可以观，可以群，可以怨。迩之事父，远之事君。多识于鸟兽草木之名。"

【译文】

孔子说："学生们为什么没有人研究诗？读诗，可以抒发感情，可以提高观察力，可以用来交朋友，可以用来嘲讽不公平的事情。近则可以用其中道理侍奉父母，远则可以用来侍奉君主，而且可以认识更多鸟兽草木的名称。"

古者民有三疾

【原文】

子曰:"古者民有三疾,今也或是之亡也。古之狂也肆,今之狂也荡。古之矜也廉,今之狂也忿戾。古之愚也直,今之愚也诈而已矣。"

【译文】

孔子说:"古代的人有三种毛病,现在或许都没有了。古代的狂人肆意直言,现在的狂人便放荡无忌了;古时矜持的人还有些不能触犯的地方,现在矜持的人却忿怒乖戾;古代的愚人尚且直率,现在的愚人却只是欺诈耍手段罢了。"

饱食终日

【原文】

子曰："饱食终日，无所用心，难矣哉！不有博奕者乎？为之，犹贤乎已。"

【译文】

孔子说："整天吃饱了饭，什么事也不做不行呀！不是有下棋玩乐的游戏吗？去活动去玩也比闲着好。"

【原文】

　　子曰："不知命，无以为君子；不知礼，无以立也；不知言，无以知人也。"

【译文】

　　孔子说："不懂得客观规律，没有可能成为君子；不懂得礼，没有可能立于社会；不懂得分辨人家的语言，没有可能认识人。"

谨权量

【原文】

"谨权量，审法度，修废官，四方之政行也。兴灭国，继绝世，举逸民，天下之民归心也。"

【译文】

"谨慎地审查计量，周密地制定法度，建立公正的人事制度，让国家的法令畅通无阻，复兴灭绝的国家，承继断绝的世族，提拔埋没的人才，天下民心都会真心归服。"

周有大赉

【原文】

"周有大赉，善人是富。虽有周亲，不如仁人。百姓有过，在予一人。"

【译文】

周朝封诸侯，使善人都富起来，周武王说："我虽然有至亲，却不如有仁德的人。百姓如果有过错，应该由我来承担。"

舜亦以命禹

【原文】

尧曰:"咨!尔舜!天之历述在尔躬,允执其中。四海困穷,天禄永终。"舜亦以命禹。

【译文】

尧说:"你这位舜!上天的大命已经落到你的身上了,让你执掌帝位!假如天下的百姓都陷入贫困,上天给你的大位也会永远终止了。"

慈祥：

论五德

　　孔子说："尊五德，就是把政事治理好
的原则。五德：给人民好处，让他们得到应
该得到的利益。让人民自愿地去劳动，他们
不会有怨言。自己主动得到仁德，不求任何
回报。与人民和谐共荣，不会显得高高在上。
穿着整齐，表情自然庄重，使人民觉得可亲
可敬，这就是五德。

后 记

　　作为一名多年来从事教育事业的工作者和绘画爱好者，我一直有一个心愿，那就是用生动的绘画形式配以简洁的语言来诠释和解读国学经典。一面是中国传统国画，一面是精炼的现代汉语，这种文配图的形式，会比单纯的文言文更易于理解，也更易于青少年学习和深刻领会，从而真正发挥国学的教育作用。

　　在我看来，生动形象的图画，能极大培养青少年的阅读兴趣。在欣赏优美国画的同时，让青少年深入领会经典著作的深刻内涵，对古代的原文中取其精华继承传承传统美德。这就是我创作本套"画说国学丛书"的初衷。

　　本套丛书的创作出版，首先要感谢祖先留给我们的宝贵文学财富，这些字字珠玑的文字，是古圣先智慧的结晶，正是借助于他们的智慧，我才能顺利完成自己的创作。学无止境，追求完美的境界也无止境，不断创新，欢迎读者指导，持续完善自己的作品，将是我不懈的追求。

　　本套丛书的出版，感谢中国书籍出版社的大力支持。还要感谢周奇、旷昕、陈茂勇、岳海军、徐逢蔚等朋友的大力支持。我将有信心把自己的创作坚持下去，为伟大国学的传承贡献自己的绵薄之力。

张乐群

图书在版编目（CIP）数据

画说论语 / 张乐群著 . —北京：中国书籍出版社，2013.7
ISBN 978-7-5068-3651-7

Ⅰ．①画… Ⅱ．①张… Ⅲ．①儒家②《论语》—通俗
读物 Ⅳ．① B222.2-49

中国版本图书馆 CIP 数据核字（2013）第 167934 号

画说论语

张乐群 著

责任编辑 许艳辉
责任印制 孙马飞　 张智勇
封面设计 王素芳
出版发行 中国书籍出版社
地　　址 北京市丰台区三路居路 97 号（邮编：100073）
电　　话（010）52257143（总编室）　　（010）52257153（发行部）
电子邮箱 chinabp@vip. sina. com
经　　销 全国新华书店
印　　刷 廊坊市文峰档案印务有限公司
开　　本 787 毫米 ×1092 毫米　　 1/16
字　　数 50 千字
印　　张 8.25
版　　次 2013 年 9 月第 1 版　 2013 年 9 月第 1 次印刷
书　　号 ISBN 978-7-5086-3651-7
定　　价 38.00

版权所有　翻印必究